CUISINE PARISIENNE.

BREVET D'INVENTION,

Sans garantie du Gouvernement,

Et avec la garantie de sa protection contre tout contrefacteur qui ne saurait justifier
d'un précédent.

CUISINE PARISIENNE

POUR

Le Service

DES REPAS A DOMICILE,

TRANSPORTÉS DANS DES APPAREILS OU LES METS QUI LES COMPOSENT

SONT CONSERVÉS A LA TEMPÉRATURE A LAQUELLE ILS DOIVENT

ÊTRE CONSOMMÉS, C'EST-A-DIRE CHAUDS OU FROIDS.

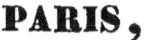

PARIS,

IMPRIMERIE DE POLLET, PASSAGE DU CAIRE, 86.

—

1849.

Prospectus.

—

CUISINE PARISIENNE.

BREVET D'INVENTION,

Sans garantie du Gouvernement et avec la garantie de sa protection contre tout contrefacteur qui ne saurait justifier d'un précédent.

Pour le service des Repas à domicile, transportés dans des appareils où les mets qui les composent sont conservés à la température à laquelle ils doivent être consommés, c'est-à-dire chauds ou froids.

—

Considérant que les avantages qu'offriraient, dans les grands centres de population, de vastes cuisines, où s'effectueraient les diverses préparations culinaires, ont été sentis de tout temps par les hommes à même d'apprécier tout ce que de telles entreprises pourraient réaliser d'économie et de perfectionnement dans les procédés de préparation, d'intérêt pour l'hygiène publique, de bons résultats pour la classe des travailleurs, lesquels ne trouvent pas toujours le temps nécessaire pour la bonne préparation de leurs aliments.

Considérant aussi qu'une telle entreprise au sein de Paris, livrant chaque jour, à des heures fixes, au domicile de chaque consommateur, des aliments bien préparés, et à des prix réduits de tous les frais que nécessite l'état actuel de morcellement de cette industrie et de tous ceux que prélève sur elle la classe des intermédiaires parasites, réaliserait un véritable progrès, nous venons d'y fonder un établissement de ce genre, sous la dénomination de **Cuisine parisienne.**

Cet établissement, d'un genre nouveau, créé sur des bases durables,
commencera à fonctionner le

Le but principal que se proposent les fondateurs, dans les premiers temps de l'exploitation, est de pourvoir aux besoins, imparfaitement satisfaits jusqu'ici, du service à domicile de dîners complets, tels que ceux que l'on se procure chez les restaurateurs à prix fixe.

La réalisation d'une telle entreprise n'a pas été sans difficultés; deux surtout semblaient insurmontables et devoir s'opposer à sa fondation. La première de ces difficultés résidait dans la possibilité de s'opposer à ce que les diverses préparations culinaires composant le repas ne perdissent, par leur refroidissement, une partie de leur saveur et de leurs effets utiles sur la santé, non-seulement pendant le temps de leur transport de l'établissement au domicile du consommateur, mais encore pendant le temps plus ou moins long qui peut s'écouler entre le moment de leur remise et celui de leur consommation, temps dont la durée peut varier suivant la nature des occupations de chacun d'eux.

De la solution de cette première difficulté ressortait la seconde, car le transport d'aliments devant être conservés chauds, opéré en même temps et en contact avec des aliments devant être conservés et consommés froids, tels que le pain, les boissons, les desserts, etc., devenait, au point de vue de ces deux conditions, une cause d'altération réciproque.

Nous sommes arrivés à la solution de cette double difficulté en imaginant des appareils de transport, à la composition desquels nous avons fait l'application des moyens qu'indique la science des lois physiques, pour s'opposer, dans de certaines limites, à la déperdition de la chaleur artificiellement accumulée dans les corps, *et vice versâ*. Pour nous garantir le bénéfice de l'initiative de cette application au transport des préparations culinaires, nous avons demandé et obtenu un privilége de quinze années, sans garantie du gouvernement, pour ce qui a trait à l'efficacité et à la nouveauté du moyen, mais sous sa protection contre tout contrefacteur qui ne pourrait fournir la preuve d'un *précédent* de cette application au même objet.

COUP-D'OEIL

SUR L'INTÉRIEUR DE LA PLUPART DES CUISINES

DES

RESTAURANTS A PRIX FIXES,

Sur l'état hygiénique opparent et réel de ces établissements, et sur les causes qui concourrent à la supériorité des préparations culinaires de la nouvelle entreprise.

Le plus grand nombre des restaurants à prix fixes se trouvent, à Paris, dans les quartiers les plus fréquentés par les étrangers. C'est spécialement dans les environs du Palais-National, de la Bourse et des boulevarts que sont situés ces établissements. Le prix élevé des locations de ces quartiers fait presque toujours de l'exiguité des cuisines une absolue nécessité.

Que d'habitués de ces établissements, venant y prendre quotidiennement leur repas, s'en abstiendraient, si de la salle spacieuse où règne une apparente propreté et souvent un grand luxe d'ornementation, ils venaient à passer dans ces étroites cuisines, véritables cloaques décorés de ce nom, en général obscures, au parquet humide et gras, aux murailles enfumées, aux encoignures encombrées de débris croupissants, à l'atmosphère chargée des vapeurs d'un poisson qui cuit, d'un ragoût qui mijotte, auxquelles se mêlent celles

2

d'une odeur nauséabonde des eaux grasses d'un baquet de lavage, dans le liquide demi-chaud duquel un marmiton plonge et retourne toute la vaisselle salie dans l'établissement. La condensation de ces vapeurs, l'odeur que laisse aux ustensiles de cuisine leur passage dans l'eau grasse du baquet de lavage, leur essuyage avec des linges humides qui en sont imprégnés, le réchauffement successif des diverses préparations, leur séjour trop prolongé dans des casseroles, sont autant de causes qui concourrent, avec beaucoup d'autres, à donner aux mets préparés chez les restaurateurs à prix fixes cette saveur particulière et désagréable qu'on leur connaît, et qui les différencie d'une manière si tranchée des mêmes préparations exécutées dans l'intérieur de nos ménages, ou pour le service des bonnes tables d'hôte.

Si, à l'inspection de ces cuisines, on sent son cœur soulevé par le dégoût, là, en compensation, on peut apprécier tout ce que peut l'activité, l'adresse, l'intelligence d'un pauvre cuisinier, s'agitant dans ces sortes d'étuves où, égouttant la sueur, il roule d'une main les boulettes d'un vol-au-vent dit à la financière, tandis que de l'autre il active le feu de ses fourneaux ou agite le contenu d'une casserole, et fait, en déployant toutes les ressources de son art, des restes de la veille la primeur du jour, condition imposée à tous les restaurateurs de cette catégorie, qui, attendant leurs pratiques, ne peuvent régler leurs approvisionnements de chaque jour sur une consommation qu'ils ignorent, qu'un orage, la pluie ou le beau temps peuvent faire varier de cinquante pour cent, et qu'à ce premier préjudice la

même variante atmosphérique en joint souvent un second, celui de l'altération ou de la perte totale des
provisions. Cette circonstance fâcheuse, contre laquelle ils ont toujours à lutter, les met forcément dans
la nécessité de recourir à tous les moyens en leur pouvoir pour s'opposer à l'altération de leurs provisions,
et c'est dans ce but qu'ils marinent, cuisent à demi,
chauffent et rechauffent de certains mets, qui, de casserole en casserole, arrivent sous le nez d'un consommateur de bon appétit, qui, séduit par l'odeur d'une
sauce plus ou moins perfide, se laisse aller sur la bonne
foi de l'organe mis en jeu à la consommation d'un
mets que son estomac ne laissera passer qu'avec peine,
ce qui prouve une fois de plus que le nez le plus par-
fait pris comme juge ou comme enseigne n'est pas toujours l'expression du vrai.

Aux causes d'insalubrité que nous venons de signaler, il faut encore ajouter celle du manque de soins et
de propreté, qui résulte nécessairement du défaut d'es-
pace dans les cuisines, et si l'on réfléchit à la parcelle
imperceptible de matière qui, dans un grand nombre
de cas, peut suffire pour déterminer ou communiquer
de graves maladies, on comprendra sans peine que les
mets dans la préparation desquels entre l'oseille, le ci-
tron, le vinaigre, peuvent, en attendant la venue des
consommateurs, dans des casseroles malpropres ou
mal étamées, se charger de quelques parcelles de vert-
de-gris ou recevoir des gouttes de sueur tombées du
visage d'un cuisinier maladif ou malsain; que la pré-
sence de ces matières dans les aliments peut constituer
le germe caché, jusqu'ici ignoré, d'un grand nombre

de ces maladies qui affectent tout-à-coup les personnes le plus heureusement et le plus sainement constituées.

Toutes ces causes de dégoût, de malpropreté et d'insalubrité, inhérentes aux établissements de restaurateurs à prix fixes, disparaissent complètement dans le nouvel établissement, où les soins les plus minutieux de propreté sont apportés à l'entretien des appareils de toute nature, et en particulier aux vases destinés à contenir les aliments ; le lavage de ces derniers s'opère par un procédé tel que l'eau bouillante employée pour l'un ne peut servir à l'autre. Après cette première opération, chaque pièce est échaudée à nouveau, essuyée, étuvée, et passe par les mains d'un ouvrier vérificateur, qui, pour la moindre dégradation, les envoie à l'atelier de réparation, de telle sorte, que chaque appareil complet est à l'état neuf chaque fois qu'il sort de l'établissement.

Là, dans de vastes cuisines, bien aérées, se trouvent toutes les commodités nécessaires pour la bonne exécution du travail. Les besoins connus de la veille (ainsi qu'on le verra plus loin) permettent de n'acheter de provisions que celles strictement nécessaires à la consommation du jour. La bonne préparation des mets ne saurait être altérée par des réchauffements successifs et par les causes que nous venons de signaler, et ce, par la raison toute simple que leur cuisson commencée se continue et s'achève dans le temps nécessaire, et juste pour l'instant où ils doivent être servis, et que le service se trouve ainsi dans la condition des mets préparés dans l'intérieur de nos ménages.

C'est surtout à la saveur de nos potages gras, auxquels on retrouvera ce parfum si agréable de notre classique pot-au-feu, que nos pratiques reconnaîtront le vrai de nos assertions sous le rapport de la supériorité de notre cuisine comparée à celle des restaurateurs à prix fixes (1).

Nous croyons convenable ici d'attirer un instant l'attention sur des faits qui, en raison de ce qu'ils ont de naïf et d'évident, devraient dispenser de ce soin ; mais qui, par cela même qu'ils sont évidents, passent inaperçus pour un grand nombre de personnes ; nous tenons à ce qu'ils soient appréciés, afin qu'ils ne puissent servir de texte aux détracteurs intéressés de la nouvelle entreprise.

Nous voulons parler de la forme spéciale de la vaisselle employée par les restaurateurs à prix fixes, vaisselle qui a pour principal effet de faire ressortir la quantité des portions.

Ainsi, les bols pour potage, bien qu'ils aient extérieurement les dimensions convenables, ont une telle épaisseur de parois, s'ils sont en faïence ou porcelaine, ou le fond tellement rentré, s'ils sont en métal, que la capacité en est réduite à ce point, que le potage, servi

---

(1) Nous enjoignons les personnes qui deviendront nos pratiques, à venir visiter notre établissement pendant les heures du travail. Là, elles pourront se convaincre, par elles-mêmes, de l'exquise propreté observée dans toutes les branches du service, ainsi que de la bonne qualité des denrées et des soins apportés à leur préparation.

dans ces sortes de bols, couvrirait à peine le fond de l'assiette dans laquelle on le verse, si l'assiette elle-même n'appartenait à la spécialité de cette sorte de vaisselle, dont toutes les pièces sont en harmonie.

Tout se présente sous un aspect diamétralement opposé dans le matériel de la Cuisine parisienne.

Les vases ou caissons dans lesquels sont servis les mets, sont de forme ronde ou carrée, fermés d'un couvercle, ce qui a mis dans la nécessité d'en resteindre l'étendue et de leur donner une très grande profondeur relativement à celle d'une assiette, afin de pouvoir au besoin y placer un pilon de volaille, un artichaud, un pigeon, etc.

Le volume des mets de cette nature est assez défini pour que la forme des vases qui les contiennent ne puisse donner le change sur ce qu'ils comportent en quantité ; mais, quand dans ces mêmes caissons seront servis à certaines personnes, qui mangent bien, mais qui raisonnent peu, des mets, tels que rognons sautés, blanquette de veau , haricots, petits pois , ces personnes auxquelles probablement sera échappé la remarque des formes de l'assiette du restaurateur à prix fixe, si favorables pour étaler et grandir l'apparence de ces sortes de portions, ne manqueront pas de se récrier, d'autant plus fort qu'elles auront plus faim, sur la petitesse de nos portions, et ne cesseront de déblatérer contre notre administration que lorsque l'estomac leur criera complet, et leur fera ainsi comprendre que chez elles le sens d'observation n'a de place que sur le marche-pied.

Nous prions donc nos pratiques de se tenir en garde contre la première impression que pourra leur faire éprouver la vue de nos portions dans leurs caissons, dont la forme diminue la quantité apparente, au lieu de l'augmenter. Qu'elles réfléchissent et comparent, et bientôt elles seront forcées de reconnaître que sur ce point comme sur tout autre, la Cuisine parisienne leur offre un avantage marqué.

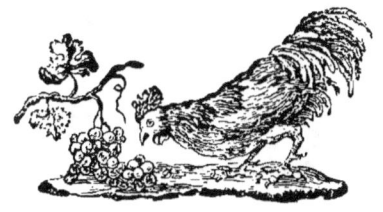

PRIX

Des Déjeuners et Dîners, servis chauds au domicile des consommateurs. (Les Déjeuners de 8 à 10 heures, les Dîners de 4 à 6 h.)

Le prix des dîners est de............ **2 fr.**

Celui des déjeuners est de............ 1   **25**

Les dîners se composent : d'un pain, d'une demi-bouteille de vin de Bordeaux ou de Bourgogne, d'un potage, de trois plats et d'un dessert au choix, d'après la carte du jour.

Les déjeuners se composent : d'un pain, d'une demi-bouteille de vin de Bordeaux ou de Bourgogne, de deux plats et d'un dessert au choix.

Rien ne peut être supprimé des repas dans le but d'en réduire le prix ; mais on est libre de convertir les mets qui les composent, soit partiellement ou en totalité.

On peut convertir, isolément ou en totalité, pour une augmentation de portion, savoir :

Le pain,

Le vin,

Le dessert,

Le potage.

Cette conversion peut encore avoir lieu de diverses manières, savoir :

Le pain, vin et dessert pour une douzaine d'huîtres (1).

Le pain et le vin pour un second potage (2).

Le pain et le dessert contre une demi-bouteille de vin ordinaire (3).

Le pain, le dessert et le potage contre une demi-bouteille de vin extra de Bordeaux ou de Bourgogne. Le dîner complet en deux doubles plats, l'un chaud, l'autre froid, ou tous deux chauds.

On paie pour chaque repas 10 centimes en plus que le prix indiqué ; ces 10 centimes sont destinés à pourvoir aux frais d'entretien et de renouvellement des appareils de transport.

Toute personne voulant être servie à heure fixe et précise aura à payer en plus 15 centimes, qui sont destinés à payer les frais des transports particuliers.

Il n'est rien dû par les abonnés aux hommes de service ; non-seulement une demande de pourboire

---

(1) Quand elles sont portées sur la carte du jour, on doit indiquer si on les veut ouvertes ou non ouvertes.

(2) Dans ce cas, l'un des plats chauds sera remplacé par un plat froid occupant dans l'appareil de transport la place du pain et du vin.

(3) Dans ce cas, l'appareil de transport ne devra pas contenir de mets nécessitant l'emploi de l'huile, du vinaigre, dont la boite qui les contient sera supprimée.

motivera leur renvoi immédiat, mais encore le renvoi aura lieu s'il parvient à la connaissance des gérants de l'entreprise qu'ils aient accepté un pourboire qui leur serait offert.

Aucun repas n'est servi à l'établissement, qui n'est destiné qu'à la préparation.

Les appareils pour transporter et conserver chauds les mets composant les dîners ou déjeuners ne contiennent pas de feu. Les vases pour contenir les aliments sont en ferblanc, fer-battu étamé, cuivre étamé, verre et porcelaine, suivant la nature des mets qu'ils sont destinés à contenir.

Il ne sera servi de repas que par abonnement de 100, de 50, de 30 ou de 10 repas, servis quotidiennement. La commande de 5 déjeuners, de 5 dîners, ne sera pas admise pour un abonnement (1).

Toute personne voulant s'abonner au service des repas à domicile, devra en donner avis par lettre adressée au Gérant de la Compagnie, dont le siége et l'établissement sont situés
                , écrivant très lisiblement, dans sa demande, ses nom, prénoms et qualités, pour éviter les méprises qui pourraient résulter d'omonyme dans le même quartier, avec l'indication du jour et de

---

(1) Toutes propositions d'arrangements différents devront être soumises au Gérant, qui les acceptera, les modifiera ou les refusera, suivant la possibilité ou l'impossibilité où il se trouvera d'y satisfaire. (*Voir* plus loin le modèle de la carte de chaque jour.)

l'heure où on pourra se présenter à son domicile pour toucher le prix de son abonnement, qui doit être payé avant qu'ait lieu la première fourniture.

Tout abonné est informé que, s'il ne veut pas éprouver d'interruption dans le service de ses repas, il doit acquitter le prix de l'abonnement à venir au moins un jour avant l'expiration de l'abonnement courant. Toute demande partielle de dîners supplémentaires ou d'extra, devra être faite la veille, avant 4 heures de relevée. Aucun de ces repas ne sera servi si le prix n'en est acquitté d'avance.

Tout abonné qui, par un motif quelconque, voudra retirer le prix de son abonnement courant, pourra, après avoir prévenu, un jour d'avance, de son intention, se présenter à la caisse de l'administration, pour en réclamer le montant, qui lui sera immédiatement remboursé ; dans le cas où il se trouverait forcé de manquer à cette condition, il aura a supporter la perte du prix de la fourniture d'un jour.

Les appareils destinés au service des déjeuners seront relevés aux heures du service des dîners, et ceux destinés au service des dîners seront relevés le lendemain aux heures du service des déjeuners.

Les personnes abonnées sont priées de convenir ou d'indiquer à l'homme de service un endroit, soit chez le concierge de la maison, soit chez un voisin, où, dans le cas d'absence, les appareils de transport puissent être déposés et repris sans perte de temps pour l'employé chargé du service des distributions ; chaque abonnement a un numéro d'ordre qui figurera sur l'appareil destiné au service de l'abonné, pendant tout le temps que durera son abonnement.

Dans la cave de chaque appareil des déjeuners, l'abonné trouvera une carte indiquant les mets qui seront préparés le jour suivant, pour chacun des repas, et en outre, l'indication de toutes les conversions possibles; il n'aura donc qu'à pointer avec une épingle les mets dont il lui conviendra de composer ses repas le jour suivant, et à replacer cette carte dans l'appareil.

Sur cette carte se trouve aussi l'indicateur des suppressions accidentelles de repas ;

Des cessations d'abonnement ;

De la demande d'un ou de plusieurs repas supplémentaires ;

Des repas extra ;

De
ou
contre
{
Satisfaction ;
mécontentement ;
l'employé ;
le mode d'administration ;
la qualité des mets ;
d'idées d'améliorations à proposer ;
}

Auxquels le trou d'épingle fait en regard exprimera le besoin ou le désir (1).

---

(1) Les omissions, l'oubli du pointage sur la carte, ou celui de sa remise dans la cave de l'appareil des déjeuners, aura pour première conséquence , pour l'abonné, l'envoi d'un repas dans la composition duquel l'employé aura été plus ou moins heureux, mais dont la composition ne pourra, dans aucun cas, faire le motif d'un refus.

Sur les cartes déposées dans chaque cave d'appareil pour déjeuner, figure le nom de l'abonné, auquel est annexé le numéro d'ordre de son abonnement; ces cartes, relevées à la rentrée des appareils dans l'établissement, sont, après leur dépouillement, soigneusement réunies à celles qui les ont précédées pour, le cas échéant, servir à vérifier la justesse des réclamations auxquelles peuvent donner lieu les erreurs ou omissions contre lesquelles l'administration sera toujours en garde.

Les personnes qui ne reçoivent que les dîners, reçoivent cette carte ponctuellement chaque jour, dans la matinée, entre 7 et 8 heures, afin qu'elles aient le temps d'y faire, après examen, leur indication, sans avoir à retenir un seul moment l'homme de service qui les relèvera en faisant la remise du dîner.

La bonne préparation des mets, leur variété continuelle dans la limite du prix, la propreté, l'ordre, l'empressement à satisfaire à toutes demandes raisonnables, la ponctualité, le zèle, l'honnêteté imposée aux employés à l'égard de tous, fait espérer au fondateur de cette entreprise, l'approbation et le concours des personnes qui ont quelque foi dans l'avenir, et pour lesquelles un progrès n'est pas une hérésie, et surtout à la satisfaction complète de toutes celles qui deviendront les pratiques de la nouvelle entreprise.

La compagnie ne vend, ne prête ni n'autorise personne à faire usage de ces appareils en dehors des besoins de son administration.

Aucun abonné ne sera admis à représenter l'appareil qui lui aura été confié par le paiement de sa valeur ni même en doublant le prix de cette valeur; si, par suite d'accident, un appareil se trouve brisé ou grandement détérioré, l'abonné auquel il était confié, et en la possession duquel conséquamment il se trouvait au moment de l'accident, s'engage formellement envers la Compagnie à en représenter les débris et à payer la réparation à la première réquisition qui lui en sera faite, d'après la taxe d'estimation fixée par les administrateurs de la compagnie, ou la totalité du prix de l'appareil, s'il se trouve hors d'état de pouvoir être réparé. Le prix de l'appareil est fixé à 15 fr.

Dans le cas de vol de la totalité ou partie des pièces composant un appareil, l'abonné prend l'engagement envers la Compagnie d'en faire immédiatement la déclaration au commissaire de son quartier, et de faire face aux frais de poursuites et de recherches des valeurs, qui auront lieu à la diligence des administrateurs.

L'appareil retrouvé, le vol constaté et son auteur puni, les frais de poursuites resteront à la charge de la Compagnie, et seront conséquemment remboursés à l'abonné, s'il y a lieu.

Tout abonné qui détournerait ou retiendrait un appareil, sera déféré au procureur de la République pour être poursuivi aux termes de la loi.

Toute souscription d'abonnement suppose, de la part du souscripteur, la connaissance pleine et entière et son adhésion à toutes les conditions énoncées dans les présents statuts.

C'est aux personnes amies de l'ordre, de l'économie et de la vie d'intérieur que se recommandent plus spécialement les repas à domicile ; à toutes celles que la fortune tient dans cet état moyen, qui n'est ni le besoin ni l'aisance ; à ces ménages si nombreux d'artisans, de petits rentiers, d'employés, se composant d'ordinaire de l'homme et de la femme, d'un ou deux enfants et d'une servante, habitant de petits appartements au quatrième ou au cinquième étage d'une maison confortable, où les cuisines, souvent obscures et mal disposées, laissent répandre dans les appartements une odeur désagréable. Les dames de cette catégorie de la population parisienne ont généralement, et avec raison, beaucoup d'aversion pour le travail que nécessitent les soins d'un ménage, moins par la peine qu'elles y prendraient que par l'impossibilité où elles se trouveraient, en s'en occupant, de se tenir dans un état décent et de mise convenable, et aussi quoiqu'elles comprennent que cette occupation soit souvent plus salutaire à l'entretien de leur santé que celle de l'aiguille, à laquelle elles donnent la préférence. La partie qui répugne, dans les soins quotidiens d'un ménage, c'est incontestablement la nécessité d'y faire la cuisine, pour les besoins de laquelle il faut dix fois par jour monter et descendre de sa demeure, battre son quartier pour aller d'un fournisseur chez l'autre, et, à cet effet, rajuster autant de fois sa toilette, dont on salit et use chaque pièce, coûteuse à remplacer ; ajoutons que le maniement répété des casseroles, pelles, pincettes,

rend rudes et noires des mains qui doivent rester
douces et blanches, pour d'autres occupations plus en
harmonie avec les besoins, le goût et la position so-
ciale. La servante s'impose donc aux petits ménages,
malgré le désir que souvent on y aurait de s'en passer
ou de la remplacer par une femme de ménage, tant
par raison d'économie que pour plus de liberté, si,
du travail de chaque jour, celui que nécessite la cuisine
y était supprimé.

La servante est aux petits ménages ce que les portiers
sont aux locataires d'une maison : des serviteurs utiles,
mais souvent fort importuns et fort désagréables. Un
abonnement à la Cuisine parisienne fournira à un
grand nombre de personnes de cette catégorie la possibilité de se passer d'une servante ou tout au moins
de la remplacer par une femme de ménage.

Les personnes que l'égoïsme rend injustes et quel-
quefois absurdes, par la manie qu'elles ont de ne vou-
loir juger de l'utilité des innovations que du point de
vue où les place, ou leur état de fortune, ou leur âge,
ou leur nature, celle de leurs occupations ou d'habi-
tudes contractées par goût ou par nécessité, ne sau-
raient trouver d'arguments raisonnables pour réfuter
les avantages que comporte, pour les fondateurs et le
public, l'heureuse invention des repas à prix fixes, por-
tés chauds à domicile ; mais comme nul animal créé
ne peut manquer à son instinct, et que le leur n'est pas
de raisonner, elles ne manqueront pas de prétendre
que ce qui existe est de beaucoup préférable à ce que
nous avons créé, et iront peut-être jusqu'à taxer notre

entreprise de folie, d'utopie, comme naguère elles l'ont fait des entreprises d'omnibus, chemins de fer, navigation à vapeur, éclairage au gaz, etc., etc. ; et pour donner à leur incroyabilité l'apparence de la pénétration, elles ne manqueront pas d'abriter leur opinion sous un prétendu précédent à notre entreprise, qu'elles ne se donneront pas plus la peine de connaître, pour en raisonner, qu'elles n'ont connu ou cherché à connaître le prétendu précédent qu'elles citeront, et dont elles n'auront eu connaissance que par les mille et une plaisanteries auxquelles il a justement donné lieu, et par ce que leur en a porté le vent de la critique.

A ces personnes, nous pourrions nous contenter de répondre, si précédent il y avait, qu'où la sottise se noie, le bon sens surnage ; mais dans l'intérêt de quelques personnes qui se laissent facilement égarer, autant que pour éclairer sur la valeur d'une entreprise longtemps méditée par son auteur, nous croyons plus convenable de répondre par des faits, dont l'appréciation ne saurait échapper à personne.

1° Chez les restaurateurs à prix fixes, les diners ne se partagent pas ; là, pour le personnel d'un petit ménage, il faut forcément deux diners ; plus, un ou deux couverts d'enfants, et, conséquemment, la totalité de la dépense du diner à 2 francs s'y élève forcément à 5 francs, avec le pourboire des garçons.

2° Si, pendant le repas, l'estomac vient à se trouver satisfait avec moins que ce qui compose le diner, dont une partie, dans ce cas, pourrait être plus profitablement et plus agréablement consommée à quelqu'autre heure du jour, elle s'y trouve perdue pour le consommateur.

3° Qu'en dehors du succulent et de l'hygiénique des préparations, qui ne s'y rencontrent pas, la discrétion de l'économie qu'une circonstance peut imposer momentanément n'y est pas possible.

4° Qu'au contraire, un dîner à domicile de la Cuisine parisienne, sainement et convenablement préparé, duquel le pain et le vin, qui se trouvent partout, sont convertis en un quatrième plat d'un mets substantiel, et dont un fruit ou un morceau de fromage fera le complément, peut suffire aux besoins d'un petit ménage dans lequel l'économie à l'ordre du jour peut être ainsi discrètement satisfait.

5° Qu'il y a si non impossibilité absolue, mais bien impossibilité à peu près équivalente, pour le personnel d'un petit ménage, d'aller chaque jour prendre ses repas chez un restaurateur à prix fixes, parce que pour se rendre dans un lieu public, il faut habiller les enfants, et faire pour soi-même quelques frais de toilette; à ces dispositions sacrifier un temps plus ou moins précieux que réclament les occupations, et auquel il faut ajouter la perte de celui nécessaire pour se rendre et revenir du quartier où se trouvent ces établissements, souvent fort éloignés de celui qu'on habite; ajoutez encore le désagrément de quitter, en hiver, un appartement chaud pour aller affronter, avec sa femme et ses enfants, le froid, la pluie ou la neige et les boues de Paris, ou quitter, en été, le même appartement frai-

chement entretenu, où, négligemment vêtu, on se
trouve à l'aise, braver un orage ou les chaleurs de
la canicule, faire un quart ou une demi-lieue pour
aller dîner ou déjeuner.

Les repas à domicile offriront donc pour résultat
immédiat aux personnes qui se trouvent dans la nécessité de vivre chez les restaurateurs, savoir : économie
de temps et d'argent, l'agrément inappréciable et inap-
précié jusqu'ici, parce qu'il n'a pas été offert d'une
manière convenable, de recevoir chez elles ce qu'elles
sont obligées d'aller chercher ailleurs, en outre, une
nourriture meilleure et la conservation de leur santé.

Pour celles qui préparent ou font préparer chez
elles leurs repas, même économie, possibilité d'une
règle certaine dans la dépense de chaque jour, supres-
sion de l'odeur désagréable que donne toujours, dans
les petits appartements, l'existence des cuisines, possibilité de supprimer ou remplacer par une femme de
ménage une servante gênante et coûteuse ; discrétion
dans la réduction de leurs dépenses, fixation par
avance du chiffre de la dépense d'une invitation à
dîner d'un nombre quelconque d'amis, sans avoir à
se préoccuper de la bonne exécution et de la réussite
d'un dîner qui leur arrivera bien préparé et chaud
comme s'il sortait du feu de leur cuisine, avec une
dépense de beaucoup inférieure.

Ces avantages incontestables d'un mode sur un
autre, impatronisera certainement à Paris, l'usage des
dîners servis chauds à domicile, en même temps, qu'ils

assurent le plus brillant succès à la nouvelle entreprise.

C'est en vain qu'on objecterait que les restaurateurs
à prix fixes portent des repas à domicile ; ils n'ont
aucun appareil pour un tel service, et pour les quelques rares dîners qu'ils sont appelés à servir dans
leur voisinage, c'est dans une serviette ou dans un
panier que sont placées les assiettes contenant les mets
qui les composent, et qu'ils sont confiés à un porteur
qui est toujours le plus novice et le plus gauche des
employés de l'établissement, dont le moindre manque
d'attention fait répandre ou passer les sauces d'un
met sur un autre, accident auquel mille causes peuvent
donner lieu : le choc des plats suspendus dans une
serviette ou du panier qui les recèle, sur le genou
d'un passant ou sur le nez d'un chien suivant de trop
près l'objet de sa convoitise ; ajoutez à cela le goût
d'observation prononcé de tout Vatel en herbe, véritable gobe-mouche, qu'un serin échappé, la vue d'une
caricature, de deux chiens qui se grognent, fait baver
de plaisir et retient en extase pendant un quart d'heure,
et vous aurez une idée de l'état dans lequel arrive un
tel dîner, qui était déjà froid en sortant de chez le
restaurateur, par le temps nécessaire aux dispositions
à prendre pour son envoi.

Opposer une telle rivalité à l'établissement nouveau
serait le fait d'un plaisant ou d'un niais ; elle ressem-
blerait à celle d'un coucou faisant concurrence au
chemin de fer.

Nous serions loin d'avoir épuisé notre sujet si nous

voulions signaler ici à l'attention de notre lecteur la
quantité innombrable de personnes auxquelles nos repas servis chauds à domicile viennent offrir satisfaction
pour les besoins quotidiens de l'alimentation : l'étu-
diant studieux, l'artiste travaillant à son domicile, les
personnes âgées des deux sexes, jouissant d'un petit
revenu, la lorette, l'étranger, habitant avec sa femme
un appartement meublé, qui s'est fatigué des repas de
restaurateurs à prix fixes; le marchand étalagiste, le
boutiquier, les fabricants, en chambre, de ces mille
objets divers constituant l'article de Paris, dont les
femmes, souvent fort occupées, ne trouvent pas toujours le temps nécessaire à la préparation du repas, et
qui, par nécessité, recourraient aux restaurateurs à
prix fixes, malgré tout le fâcheux de cette ressource,
s'il s'en trouvaient de passables dans les quartiers qu'ils
habitent, où l'on ne trouve que des restaurateurs de
bas étage pour le besoin des ouvriers.

Avec quel empressement ces diverses personnes, et
mille autres, n'accepteront-elles pas les repas à domicile, quand l'établissement destiné à les produire
pourra, par son développement, leur en offrir l'avantage; et d'ailleurs, quelle qu'en soit la minime fraction,
ne sera-t-elle pas toujours importante, immense pour
un seul établissement, et dix fois au-delà de celle nécessaire pour assurer le succès d'une entreprise qui n'a
besoin de s'accroître qu'au fur et à mesure du développement de sa clientèle, qui ne commencera à fonctionner que pour les besoins d'un seul arrondisse-
ment, et ne passera au service du second qu'après avoir

donné à ses abonnés et obtenu pour elle-même une complète satisfaction de ses premiers résultats.

———

Toutes personnes dans le désir d'obtenir des renseignements plus étendus sur cette entreprise ou de s'y intéresser, pourront s'adresser à M. LEJEUNE, auteur du projet, *rue Notre-Dame de Lorette*, **49**.

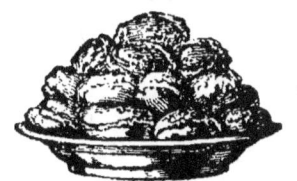

Pollet, imprim.. passage du Caire, 86.